Einsterns Schwester

2

Themenheft 3

Texte planen und schreiben

Herausgegeben von
Roland Bauer, Jutta Maurach

Erarbeitet von
Katrin Baudendistel, Daniela Dreier-Kuzuhara, Alexandra Schwaighofer

In Zusammenarbeit mit
der Redaktion Grundschule Deutsch 2–4

Cornelsen

Inhaltsverzeichnis

6 Gedichte schreiben

7 Geschichten untersuchen, planen und schreiben

8 Handlungsabläufe beschreiben

9 An Texten arbeiten

So kannst du mit den Heften arbeiten

Du machst alle
Seiten der Lernportion 1.

Zuerst im
grünen Heft.

Dann im
roten Heft.

Dann im
gelben Heft.

Und dann im
blauen Heft.

Danach machst du in
allen Heften die Lernportion 2.

Nun machst du in
allen Heften die Lernportion 3.

Genauso bearbeitest du
alle anderen Lernportionen.

In diesem Heft
kannst du den
Grundwortschatz
vertiefend üben.

1 Namenslisten schreiben

① Seht euch das Bild an.
Findet für jede Liste weitere Kinder.

② Schreibe eine eigene Liste.

–

–

–

–

–

1 Überlege, mit welcher Einkaufsliste du am besten einkaufen kannst. Erkläre es einem Partnerkind.

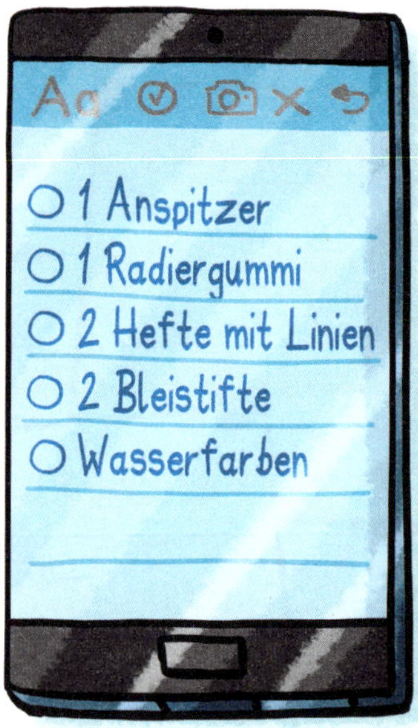

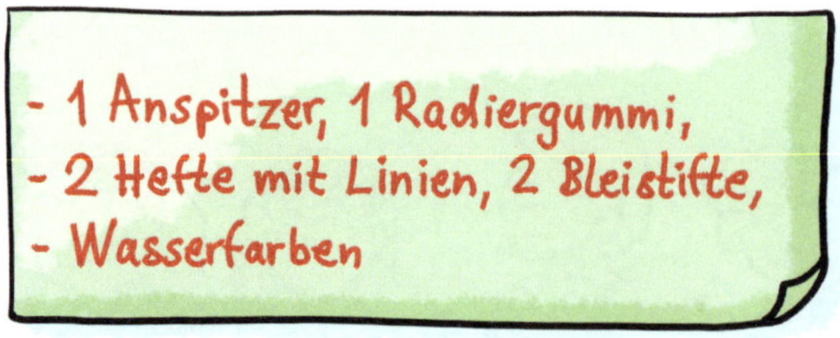

2 Schreibe eine Einkaufsliste, die zu diesem Einkauf passt.

Einkaufsliste

– vier

MK-Tipp: sich über Erfahrungen mit analogen und digitalen Listen austauschen, Vor- und Nachteile besprechen

① Schreibe auf, was sich Tim zum Geburtstag wünscht.

Tims Wunschzettel

– eine

②

Januar	Februar	März
13. Malik 16. Lea	15. Malte	3. Dennis 27. Laura
April	**Mai**	**Juni**
2. Florian 7. Anna 22. Franka, Linh		6. Lotte 9. Julia
Juli	**August**	**September**
15. Theo 28. Lorenz	3. Hanna 11. Chan	4. Emily 30. Marco
Oktober	**November**	**Dezember**
2. Sergej	16. Lukas	18. Emilian

1 Beantworte die Fragen zum Geburtstagskalender.

In welchem Monat hat Marco Geburtstag? September

In welchem Monat hat kein Kind Geburtstag?

In welchem Monat sind die meisten Geburtstage?

Welches Kind hat am 18. Dezember Geburtstag?

An welchem Tag haben zwei Kinder Geburtstag?

2

1 Lies das Plakat genau. Achte auf die Gestaltung.
Tausche dich mit einem Partnerkind aus.

Unsere Gesprächsregeln

Ich melde mich.

Ich spreche laut und deutlich.

Ich höre zu.

Ich lasse die anderen ausreden.

Ich schaue die anderen an.

Ich lache niemanden aus.

Ein Plakat soll auffordern, informieren, mitteilen oder auch überzeugen.

So gestalte ich ein Plakat:

1. **Ich überlege und plane**, was auf mein Plakat soll.

2. **Ich gestalte** ein Plakat und beachte dabei:
   – Überschrift deutlich hervorheben,
   – kurze Texte übersichtlich anordnen,
   – deutlich, groß und lesbar schreiben,
   – Bilder informieren und lockern auf.

3. **Ich lese** das Plakat noch einmal durch. Ich **verbessere**, wenn ich etwas falsch geschrieben oder vergessen habe.

Der **rote Faden** zeigt dir in der richtigen **Reihenfolge**, wie du vorgehen solltest.

1 Gestalte ein Plakat mit Pausenregeln.
Die Bilder und Stichwörter helfen dir.

Ball spielen

kämpfen

über den Zaun klettern

seilspringen

Verstecken spielen

mit Schneebällen werfen

2 Vergleiche dein Plakat mit den Plakaten anderer Kinder.

1 Lies die Plakate und vergleiche sie.
Achte auf die Gestaltung.

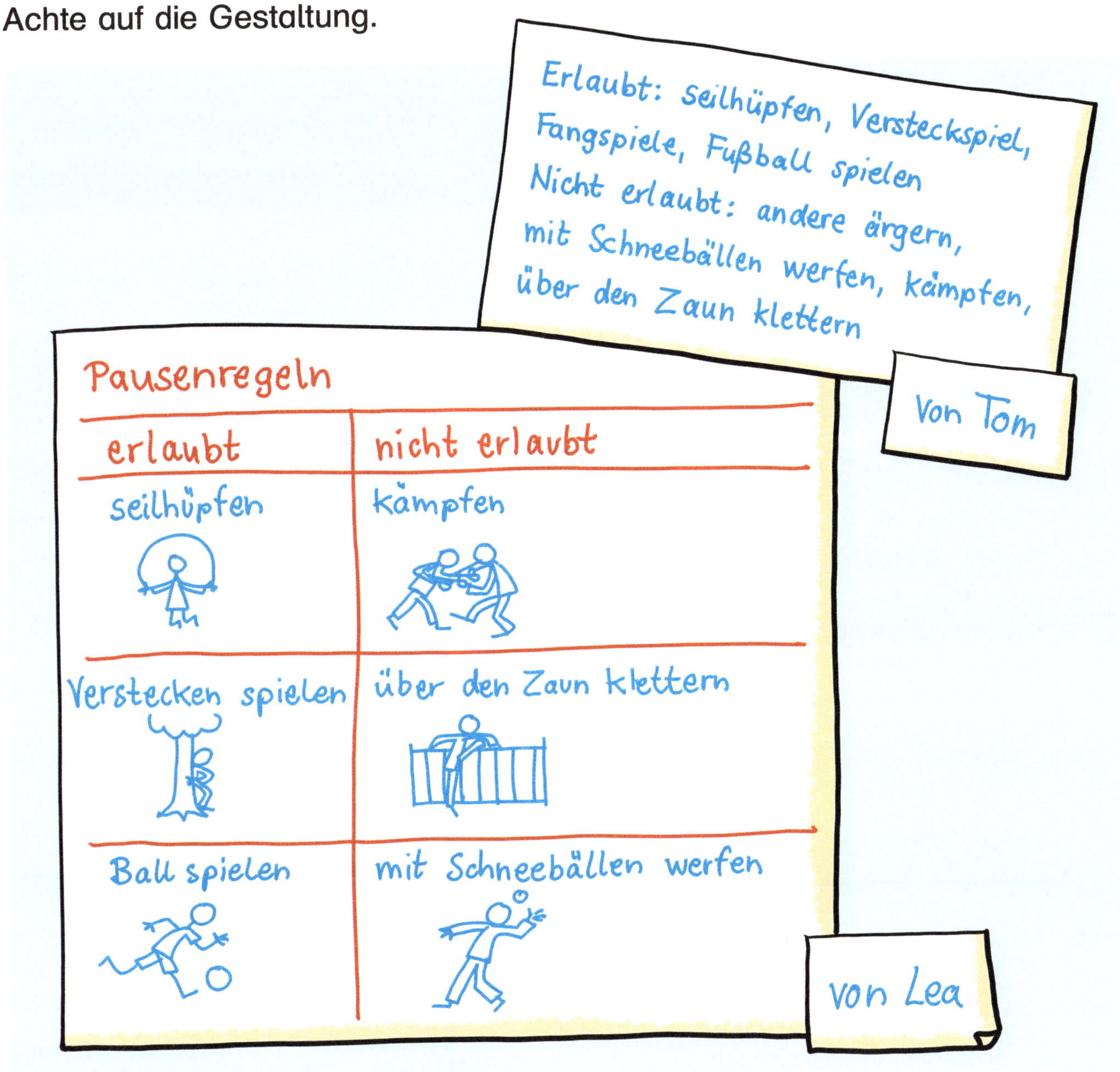

2

① Ordne richtig zu.

Einkaufsliste | ~~Plakat~~ | Gästeliste | Wunschzettel | Erinnerungsnotiz

Plakat ✓

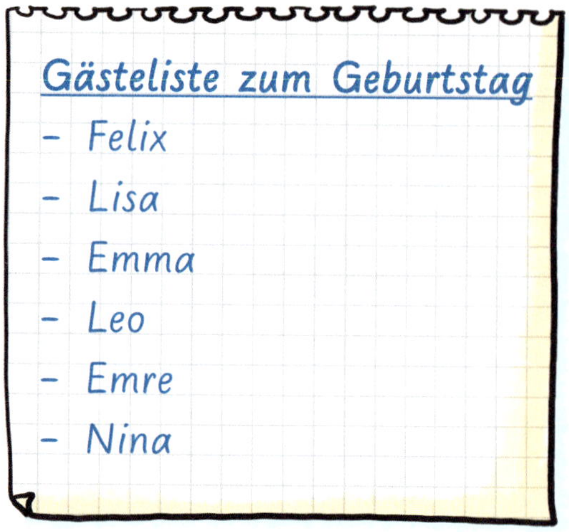

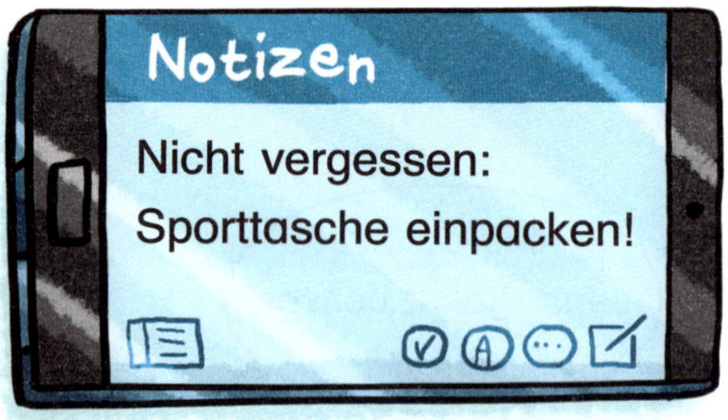

② Besprecht, welche schriftlichen Mitteilungen aus ① ihr schon einmal verwendet habt.

1 Unterstreiche alle Wörter, die zum Thema Zoo passen. Schreibe sie auf.

Flugzeug | Käfig | Affen | Futter | Tafel | Giraffen | Tierpfleger

Seehunde | Eisbären | Schiff | Wasserbecken | Papageien

Käfig ✓,

2 Schreibe weitere Wörter zum Thema Zoo in dein Heft.

Heft 3, S. 13 ②

...

3

1 Schreibe zu jedem Bild die passenden Sätze.

~~Es ist eine Pflanze.~~	Es ist ein Ding.
Es hat Zweige und Blätter.	Es hat eine Tür und ein Dach.
Seine Wurzeln sind in der Erde.	Menschen wohnen darin.

Es ist eine Pflanze. ✓

2 Male selbst etwas und beschreibe es wie in 1.

1. Lies die Rätsel. Alle beschreiben ein bestimmtes Fahrzeug.

Es ist ein Fahrzeug.
Es ist rot.
Es ist groß.
Es hat Lichter.

Es ist ein Fahrzeug.
Es ist rot.
Es hat ein Lenkrad.
Es hat Räder.

Es ist ein Fahrzeug.
Es ist rot.
Es hat ein Blaulicht.
Es hat eine Leiter.

2. Zeichne das gesuchte Fahrzeug.

3. Schreibe das Rätsel aus 1 ab, welches das Fahrzeug am genauesten beschreibt. Unterstreiche dann die wichtigsten Hinweise.

Es ist

Beschreibungen müssen sehr genau sein!

4. Schreibe ein eigenes Rätsel. Lass ein anderes Kind dein Rätsel lösen.

Heft 3, S. 15 ④
...

So präsentiere ich:

1. **Ich stehe auf** und beginne erst, wenn alle ruhig sind.

2. **Ich beginne** mit einem Anfangssatz:
   Ich möchte euch mein Rätsel vorstellen.

3. **Ich stelle** meinen Text **vor**.
   Ich spreche dabei **langsam**, **laut** und **deutlich**.

(1) Präsentiere dein Rätsel.

D 27

Lernportion 2: Beschreibungen vorbereiten und erstellen

Plenum: Lernergebnisse präsentieren, die im Leitfaden dargestellten Gesichtspunkte beschreiben und bewerten
MK-Tipp: eine Präsentation aufnehmen und reflektieren

① Kreuze alle Sätze an, die zur Maus passen.

- [x] Es ist ein Tier.
- [ ] Es ist grau.
- [ ] Es hat zwei Stoßzähne.
- [ ] Es hat zwei Hörner.
- [ ] Es hat vier Beine.
- [ ] Es hat zwei Augen.
- [ ] Es hat einen Schwanz.
- [ ] Es hat einen Rüssel.
- [ ] Es hat Schnurrhaare.
- [ ] Es ist sehr klein.

② Beschreibe die Maus mit den Sätzen aus ①.

Es ist

③ Wähle selbst ein Tier.
Schreibe eine vollständige Beschreibung.
Die Sätze aus ① können dir helfen.

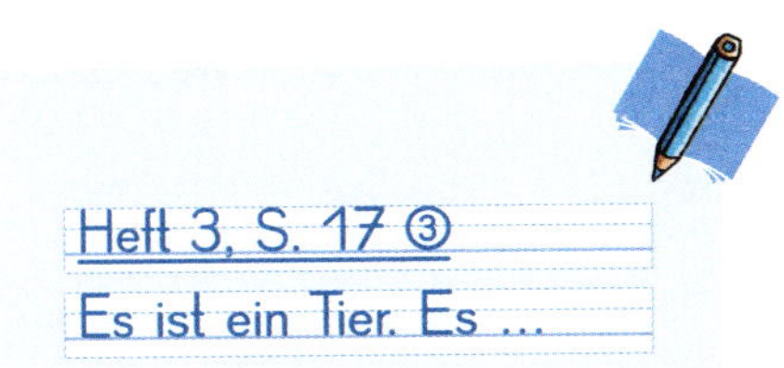

3 Einen Steckbrief kennenlernen

1 Lies den Steckbrief und kreuze das dazu passende Kind an.

Name: ...
Haare: rot
Augenfarbe: braun
Kleidung: rote Hose, gelber Pulli
Besondere Kennzeichen: Haarreif

2 Ergänze den Steckbrief.

~~Lola~~ | spitze Nase | barfuß | grün | rot und halblang

Buchstabenkleid mit grünem Kragen, Buchstabenhut

Name: Lola ✓

Haare:

Augenfarbe:

Kleidung:

Besondere Kennzeichen:

So schreibe ich einen Steckbrief:

1. **Ich überlege**, wen ich beschreiben möchte.

2. **Ich sehe** genau hin:
   Aussehen, Besonderheiten …

3. **Ich schreibe** den Steckbrief mit Stichwörtern:
   Name: …
   Haare: …
   Augenfarbe: …
   Kleidung: …
   Besondere Kennzeichen: …

4. **Ich lese** den Steckbrief noch einmal durch.
   Ich verbessere, wenn ich etwas falsch geschrieben oder vergessen habe.

Bei einem **Steckbrief** schreibe ich alles möglichst **kurz** auf.

① Schreibe einen Steckbrief zu einem Kind aus deiner Klasse.

Heft 3, S. 19 ①
…

②

1 Sieh dir die Blumen genau an.
Wähle eine Blume aus und ergänze den Steckbrief.

| Schneeglöckchen | Sonnenblume | gelb | wie eine Glocke | weiß |
| klein | breit | Winter | wie eine Sonne | groß | schmal | Sommer |

Name: ____________________

Größe: ____________________

Sie blüht im: ____________________

Farbe der Blüte: ____________________

Form der Blüte: ____________________

Form der Blätter: ____________________

2 Beschreibe die Blume aus 1 in ganzen Sätzen.
Nutze deinen Steckbrief aus 1.

Heft 3, S. 20 ②
Die Blume heißt …
Sie ist …
Sie blüht im …
…

3 Überprüfe mit einem Partnerkind, ob in deiner Beschreibung aus 2 alle wichtigen Informationen enthalten sind.

① Lies den Text über Stockenten.
Kennzeichne das Männchen mit A,
das Weibchen mit B.

______

______

Die Stockente

Stockenten werden etwa 50 Zentimeter lang und wiegen etwa ein Kilogramm. Es sind die größten Enten, die bei uns leben. Das Männchen erkennt man in der Brutzeit an seinem grünen Kopf und Hals und dem weißen Ring um den Hals. Die Brust und der Rücken sind braun, der Bauch ist hell. Die Federn des Weibchens sind braun. Die Füße mit den Schwimmhäuten sind leuchtend orange. Der Schnabel ist gelb-braun.

② Schreibe einen Steckbrief zum Männchen oder zum Weibchen.

Name: ______

Größe: ______

Gewicht: ______

Farbe der Federn: ______

Kennzeichen: ______

______

① Lest den Steckbrief und die Beschreibung.
Vergleicht die beiden Texte.

STECKBRIEF

Name:	Igel
Größe:	22 bis 30 cm
Gewicht:	etwa 1 kg
Aussehen:	braune Stacheln mit weißer Spitze (ungefähr 8000)

BESCHREIBUNG

Ein Igel wird zwischen 22 und 30 Zentimeter lang. Er wiegt etwa 1 Kilogramm. An den braunen Stacheln mit weißen Spitzen ist er leicht zu erkennen. Er hat ungefähr 8000 Stacheln.

② Schreibe einen Steckbrief oder eine Beschreibung über den Fuchs.

Fuchs

7 kg

Körper 60 bis 90 cm

rotbraunes Fell, Schnauze und Bauch weiß

langer, buschiger Schwanz

Lernportion 3: Steckbriefe und Beschreibungen

Plenum: Austausch über Unterschiede von Steckbriefen und Beschreibungen
MK-Tipp: einen Steckbrief zu einem Fuchs am Computer gestalten

D 28

1 Lies die Suchanzeige genau.
Schreibe eine ähnliche Suchanzeige für den Hund.

Wer hat unsere Katze gesehen?

Mini ist entlaufen!

Wir suchen seit dem Wochenende unsere Katze. Ihr Fell ist getigert und ihre Brust, ihr Bauch sowie ihre Pfoten sind weiß. Sie hat grüne Augen.

Hinweise bitte an Familie Pfeifer (Telefonnummer: 069 – 90 00 92 21)

Wer hat

1 Ordne richtig zu.

Postkarte | Brief | Nachricht | E-Mail

Hallo Ole,

hier auf dem Bauernhof ist es super. Gestern Abend durfte ich mit einem riesigen Traktor fahren, das war cool.

Viele Grüße
aus dem Allgäu

Vincent

Ole Janssen
Kamillenweg 99
22549 Hamburg

An: lola@beispiel.de
Betreff: Hallo

Hallo Lola,

meine Mama hat mir gezeigt, wie man eine E-Mail schreibt. Das macht Spaß!

Schreib mir doch bitte zurück!

Viele Grüße
Aylin

●●●●● Internet 14:31 Uhr 84 %
< Chats Mama online

Mama, mir war langweilig.
Bin bei Oma.
Tina

München, 17. 10. 2022

Liebe Paula,

wie gefällt es dir in der neuen Schule? Hast du schon Freunde gefunden? Das Foto ist von unserem letzten Ausflug ins Freibad.

Bis bald

Clara

2

1 Lies die Postkarte. Achte auf den Aufbau.

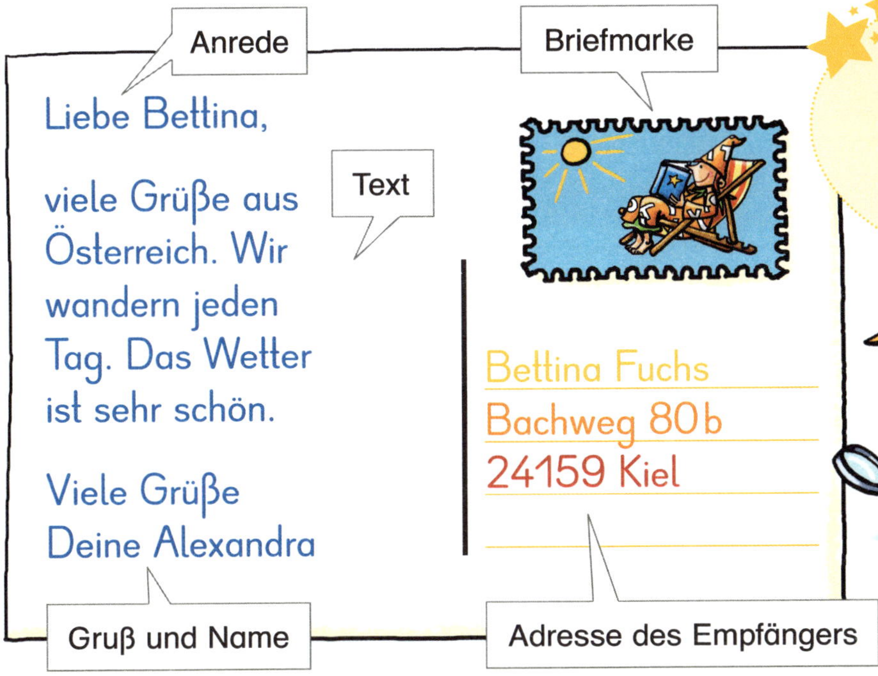

Zu einer Adresse gehören:
Vorname und Nachname,
Straße und Hausnummer,
Postleitzahl und Wohnort.

2 Nur eine Adresse ist in der richtigen Reihenfolge notiert. Kreuze sie an.

○ Steinstraße 109 Tosca Fischer 22765 Hamburg	○ 99084 Erfurt Lilienstraße 77 Leni Behrens	○ Henri Stump Schwabstraße 91 13409 Berlin

3 Schreibe deine Adresse auf. Achte auf die Reihenfolge.

So schreibe ich eine Postkarte:

1. **Ich überlege**, wem ich eine Postkarte schreibe.

2. **Ich plane**, was ich schreiben möchte.

3. **Ich schreibe** und beachte dabei:

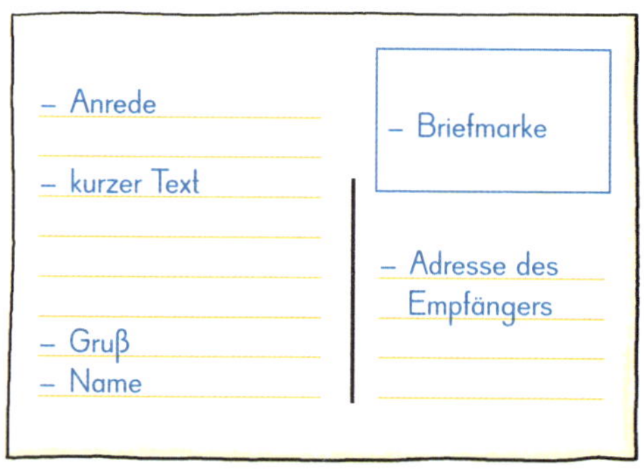

4. **Ich lese** die Postkarte noch einmal durch und **überprüfe** sie.

(1) Schreibe eine Postkarte.
Gestalte sie.

(1) Lies die Aufschrift auf dem Briefumschlag und den Brief. Ordne richtig zu.

~~Anrede~~ | Gruß und Name | Ort und Datum | Briefmarke | Absender | Text | Empfänger

Anrede ✓

So schreibe ich einen Brief:

1. **Ich überlege**, wem ich einen Brief schreibe.

2. **Ich plane**, was ich schreiben möchte.

3. **Ich schreibe** und beachte dabei:

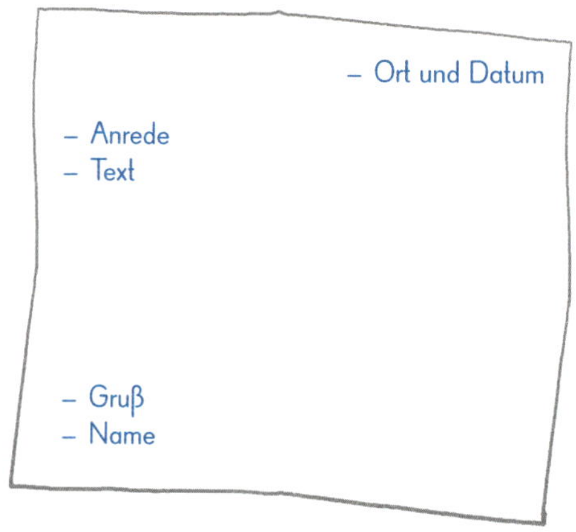

4. **Ich lese** den Brief noch einmal durch und **überprüfe** ihn.

5. **Ich beschrifte** einen Briefumschlag mit Empfänger und Absender.

1 Schreibe einen Brief an ein Partnerkind.
Verwende ein leeres Blatt.
Gestalte den Brief.

Eine E-Mail kennenlernen

1 Lies die E-Mail.
Achte auf den Aufbau.

E-Mail-Adresse

An: lola@beispiel.de

Betreff: E-Mails sind toll

Liebe Lola, ← Anrede,

du bekommst meine Nachrichten jetzt viel schneller. Als wir uns noch Briefe geschrieben haben, dauerte es mindestens zwei Tage, bis sie ankamen. Jetzt können wir uns mehrere E-Mails am Tag schreiben. Du kannst dann sofort antworten. Ist das nicht toll?

Text

Viele Grüße

Deine Tina

Gruß und Name

E-Mails sind Briefe und Botschaften, die mit einem Computer verschickt werden.

2 Markiere, was bei diesen E-Mail-Adressen gleich ist.

lisa@example.de	tim234@beispiel.de	wagner@kino.de

3 Notiere E-Mail-Adressen von Personen, die du gut kennst.

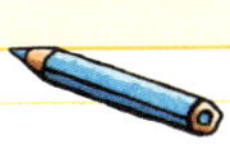

Lernportion 4: Briefe und Botschaften

MK: Merkmale einer E-Mail kennenlernen
MK-Tipp: eine E-Mail verfassen

1 Kreuze die zum Bild passenden Sätze an.
Schreibe das Lösungswort auf.

○	P	Die Sonne scheint hell.
○	L	Graue Wolken stehen am düsteren Himmel.
○	R	Auf der Insel im Teich befindet sich eine Hütte.
○	T	Auf der kleinen Insel stehen schöne Palmen.
○	I	Im Segelboot winken eine Frau und ein Junge.
○	Z	Im gelben Tretboot sitzen zwei blonde Mädchen.
○	U	Im Wasser schwimmen zwei Goldfische.
○	M	Im See schwimmen zwei Enten.
○	A	Zwei Jungen liegen auf Luftmatratzen.
○	S	Zwei Jungen liegen auf Strandtüchern.

Lösungswort: ___ ___ ___ ___ ___!

1 Schreibe zu dem Bild passende Sätze.
Die Satzanfänge helfen dir.

Zwei Jungen … sitzen auf

Eine Wolke …

Die Sonne …

Ein Mann …

Im Sandkasten …

① Sieh dir die Bilder genau an.

Im Freibad

② Lies die Texte.
Ordne jedem Bild aus ① den passenden Text zu.
Es entsteht ein Lösungswort.

L

Schon fängt es an zu regnen. Schnell steigen die beiden aus dem Wasser und rennen los. Sie wollen sich in Sicherheit bringen.

I

Auf einmal wird es ganz schattig und düster. Sie schauen nach oben und sehen dunkle Wolken am Himmel.

P

An einem schönen Sommertag spielen Lisa und Tom im Freibad mit ihrem rot-weißen Wasserball.

Z

Da sehen sie ein Umkleidehäuschen. Während des Gewitters stellen sie sich dort unter.

1 2 3 4

___ ___ ___ ___

5 Zu einer Bildfolge schreiben

① Sieh dir die Bilder genau an.
Lies die Stichwörter.

Der Kuchen

1

- Kuchen backen
- Salz statt Zucker nehmen

2

- Teig in Kuchenform füllen
- in den Backofen schieben

3

- Tisch decken
- Kuchen fertig

4

- Kuchen probieren
- leider versalzen

② Erzähle die Geschichte zu ① einem Partnerkind.

③ Schreibe eine Geschichte zu der Bildfolge.
Die Stichwörter helfen dir.

Heft 3, S. 33 ③
Der Kuchen
...

1 Schreibe die Bildergeschichte weiter.

Hatschi!

1

Tim möchte Lisa etwas schenken.
Er sieht eine Wiese mit Pusteblumen
und pflückt einen Blumenstrauß.

2

Tim trifft sich mit Lisa.
Er übergibt ihr den Blumenstrauß.
Sie freut sich sehr über das schöne Geschenk.

3

Plötzlich

4

Zum Schluss

1

1.
2.
3.
4.
1. Fußball
2. Zielen
3. Tor!
4. Owei
1. Ostern
2. Garten
4. gefunden

So schreibe ich zu einer Bildfolge:

1. **Ich sehe** mir jedes einzelne Bild genau an.

2. **Ich überlege** mir zu den Bildern eine Geschichte und notiere Stichwörter.
   Dabei beachte ich:
   – **Wer** kommt in der Geschichte vor?
   – **Wo** spielt die Geschichte?
   – **Was** passiert?

3. **Ich schreibe** meine Geschichte zu den Bildern auf.
   Dazu nutze ich meine Stichwörter und weitere Ideen.

4. **Ich lese** meine Geschichte noch einmal durch und **überprüfe** sie.

5. **Ich finde** eine passende Überschrift.

1 Sieh dir die Bilder genau an.
Schreibe eine Geschichte.
Finde eine passende Überschrift.

Heft 3, S. 37 ①
...

1. Lies das LOLA-Wortgedicht.

LUSTIG
ORDENTLICH
LIEB
ALBERN

2. Ergänze die Wortgedichte zu TIM und LEA.
Finde zu jedem Buchstaben ein passendes Adjektiv.

TOLL	L
I	E
M	A

3.

4. Schreibe ein Wortgedicht für einen Freund oder eine Freundin auf ein Blatt Papier.

1 Lies die Abzählverse.

Paul, Pau-li-ne,
Ap-fel-si-ne,
Ap-fel-ku-chen,
du musst su-chen.

Ein ro-tes, al-tes Schiff
fuhr auf ein gro-ßes Riff.
Dort schwamm ei-ne Maus
und du bist raus.

2 Erfinde einen eigenen Abzählvers. Die Bilder können dir helfen.

Du bist weiter.

3 Probiert eure Abzählverse aus.

1 Lies die Wörter.
Immer drei Wörter reimen sich.
Male sie jeweils in der gleichen Farbe an.
Schreibe sie in dein Heft.

Heft 3, S. 40 ①
Hose ✓– Dose ✓– Rose ✓,
...

Hose | Sturm | Wurm | Maus

Dose | Haus | Laus | Turm | Rose

2 Finde zu jedem Bild selbst ein Reimwort.

Traum

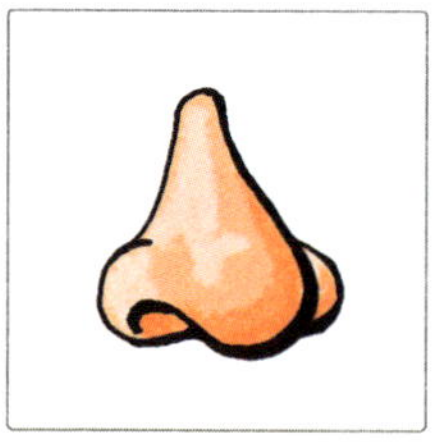

H

3

1. Lies das Gedicht.
   Ergänze die fehlenden Reimwörter.

will | wir | sing | ~~zu~~ | machen | lauf | vor

Wir

Ich bin ich und du bist du.
Wenn ich rede, hörst du zu ✓.

Wenn du sprichst, dann bin ich still,
weil ich dich verstehen ________.

Wenn du fällst, helf ich dir auf,
und du fängst mich, wenn ich ________.

Wenn du kickst, steh ich im Tor,
pfeif ich Angriff, schießt du ________.

Spielst du pong, dann spiel ich ping,
und du trommelst, wenn ich ________.

Allein kann keiner diese Sachen,
zusammen können wir viel ________.

Ich mit dir und du mit mir –
das sind ________.

Irmela Brender

6 Gedichtzeilen zuordnen

(1) Ordne dem Gedicht die fehlenden Zeilen passend zu.
Es entsteht ein Lösungswort. Notiere es auf Seite 43.

S | da seh ich es schon hocken.

U | und frisst mich dann.

Ein Krokodil

Ich träum, es kommt ein Krokodil
mit einem großen Maul.
Am Tage liegt's auf einem Stein,
am Tage ist es faul.

Und dann am Abend wird es wach
und macht sich auf die Socken.
Es kriecht zu unserm Haus aufs Dach,
1 ______________________________

Doch wenn es erst ganz dunkel ist,
dann schleicht es sich heran.
Es will zu mir herein
2 ______________________________

1 2 3 4 5

Lösungswort: ___ ___ ___ ___ ___ !

R ich hab nur was vergessen.

E glaub ich, es ist ein Drachen.

P und reißt sein Maul schon auf.

Es hinkt durchs Haus, das hör ich doch,
es steigt die Treppe rauf.
Dann kommt's herein durchs Schlüsselloch
3 ______________________

Es hat 'ne Menge Zähne in
dem großen roten Rachen.
Und weil es auch noch Flügel hat,
4 ______________________

Was willst du hier, schrei ich ganz laut,
ich glaub, du willst mich fressen.
Nein, sagt das Krokodil und schaut,
5 ______________________

Hanna Johansen

6 Elfchen kennenlernen und schreiben

Diese **Gedichtform mit elf Wörtern** heiβt **Elfchen**.
In jeder Zeile ist die Anzahl der Wörter vorgegeben.

1 Wort:	Fröhlich
2 Wörter:	Spitzer Hut
3 Wörter:	Trägt ein Buchstabenkleid
4 Wörter:	Sie hilft euch gern
1 Wort:	Lola

1 Setze das Elfchen zusammen.
Achte auf die Anordnung der Zeilen.

~~Tafel~~ | Klassenzimmer | Manchmal ist es laut

Viele Tische, Stühle | Lehrer, Kinder

1 Tafel ✓

2

3

4

1

2 Sammle Wörter zu einer Jahreszeit.
Schreibe mit den Wörtern ein Elfchen.

Heft 3, S. 44 ②
...

1 Schreibe ein Elfchen ab.
Ergänze die letzte Zeile.

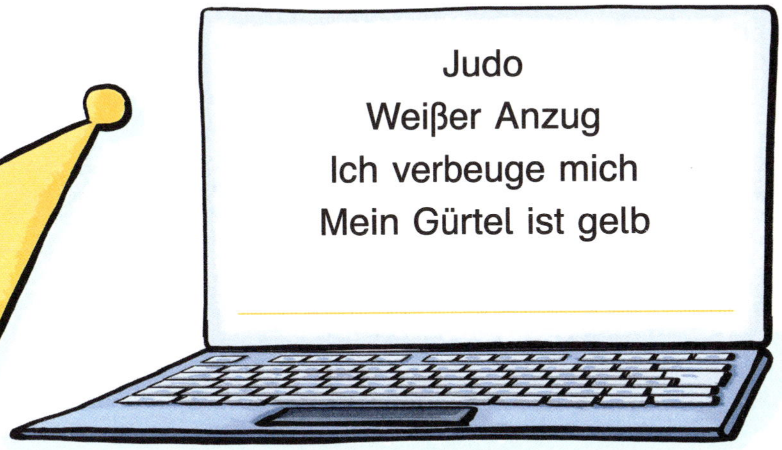

2 Erkläre einem Partnerkind die Gedichtform Elfchen.

3

Lernportion 6: Gedichte schreiben

Plenum: Austausch über Möglichkeiten, Texte für die Veröffentlichung aufzubereiten
MK-Tipp: Elfchen im Schreibprogramm abschreiben und zentrieren

① Du kannst entscheiden, wie die Geschichte verläuft.
Wähle bei jedem Rahmen einen Pfeil und male ihn an.
Schreibe deine Geschichte auf.

Heft 3, S. 46 ①
Der Ausflug ✓
...

Der Ausflug

Es war Sonntag.
Tim wollte einen Ausflug machen.

Er fuhr mit seinem Vater zum Baden an einen See.

Mit einem Freund ging er an einem Bach spazieren.

Auf dem Weg saß eine kleine Katze.

Auf dem Weg saß eine dicke Kröte.

Tim setzte sie vorsichtig ins Gras.

Tim machte ein tolles Foto von ihr.

Zu Hause erzählte Tim seiner Mutter von seinem Erlebnis.

Lernportion 7: Geschichten untersuchen, planen und schreiben

MK-Tipp: eine Entscheidungsgeschichte am Computer abschreiben

(1) Nummeriere die Teile der Geschichte in der richtigen Reihenfolge. Schreibe unten das Lösungswort auf.

Im Schwimmbad

___ DE
Zuerst haben wir im Kinderbecken mit dem Wasserball gespielt. Dann sind wir vom Sprungbrett ins tiefe Wasser gesprungen.

___ BA
Gestern Nachmittag war ich mit Anna im Schwimmbad. Wir sind mit unseren Fahrrädern dorthin gefahren.

___ ZUG
Um 17 Uhr sind wir dann wieder nach Hause gefahren. Morgen gehen wir wieder zusammen ins Schwimmbad.

___ AN
Anschließend sind wir dann noch drei Bahnen geschwommen. Da war Anna schneller als ich.

1 2 3 4

Lösungswort: ___ ___ ___ ___

(2) Lies die Geschichte in der richtigen Reihenfolge einem Partnerkind vor.

1 Welche Texte gehören zur Geschichte Ein Regennachmittag?
Wähle aus jeder Reihe einen Text aus.
Male die passenden Regentropfen blau an.

Ein Regennachmittag

Es regnete. Lustlos sah Lisa aus dem Fenster.
„Blöd! Jetzt kann ich nicht in den Garten", schimpfte sie.

Der große Hund rannte auf Laura zu. Er wurde immer schneller. Aber Laura sah ihm fest in die Augen. Da wurde er plötzlich langsamer.

Lisa hätte gern mit ihrem großen Bruder gespielt. Aber der hatte keine Zeit. So legte sie sich in ihrem Zimmer auf ihr Kuschelfell. Da fiel ihr der Schuhkarton unter ihrem Bett auf.

Schnell holte Lisa ihn hervor und öffnete den Deckel. In dem Karton waren alte Bilder und Briefe. „Hallo, ich bin wieder da", rief Papa aus dem Flur. „Wollen wir etwas spielen?"

Da tauchte im Nebel das Haus auf. Laura hatte den Weg zurück gefunden. Froh rannte sie hinein und umarmte ihren Vater und ihre Mutter.

Schweißgebadet erwachte Laura. Sie schaute sich um und sah ihr Kinderzimmer. Sie hatte alles nur geträumt.

Aber Lisa war so in ihren Karton vertieft, dass sie Papa gar nicht hörte. Obwohl es regnete, wurde es ein spannender Nachmittag.

1 Nummeriere die Teile der Geschichte in der richtigen Reihenfolge. Schreibe unten das Lösungswort auf.

Drachen im Baum

____ T — Erleichtert gingen beide nach Hause. In Zukunft werden sie besser auf ihre Drachen aufpassen.

____ H — Gestern war es draußen sehr windig. Florian und Tanja wollten ihre neuen Drachen steigen lassen.

____ B — Auch Florian wollte seinen Drachen herunterholen. Doch dann kam eine Windböe und der Drachen verfing sich im Apfelbaum.

____ R — Der Wind wurde immer stärker. Die beiden konnten ihre Drachen kaum noch halten. Tanja holte ihren Drachen zurück.

____ S — Florian war traurig und weinte. Zum Glück kam der Nachbar und holte den Drachen vom Baum.

____ E — Sie gingen mit ihren Drachen auf die Wiese, auf der einige Obstbäume standen. Im Nu flogen beide Drachen am Himmel.

1	2	3	4	5	6

Lösungswort: ____ ____ ____ ____ ____ ____

2 Erkläre einem Partnerkind, wie du beim Ordnen vorgegangen bist.

1 Lies den Anfang der Geschichte.

Paul übernachtet bei Oli

Paul besucht Oli.
Zuerst spielen sie im Kinderzimmer.
Dabei haben sie sehr viel Spaß.
Anschließend verkleiden sie sich als Gespenster.
Zum Abendessen gibt es Würstchen mit Pommes und Ketchup.

2 Zwei Stichwörter kommen in der Geschichte nicht vor.
Markiere sie.

Paul | Oli | spielen | Kinderzimmer

Spaß | verkleiden | Gespenster

Abendessen | Würstchen | Pommes

Bett | Gruselgeschichten

3 Schreibe mit den beiden angemalten Wörtern
einen passenden Schluss-Satz zu 1.

4 Erkläre einem Partnerkind, warum dir Stichwörter
beim Schreiben von Geschichten helfen.

Plenum: Funktion von Stichwörtern für das Schreiben von Geschichten besprechen

1 Lies den Anfang der Geschichte.

Alina hat ein fliegendes Bett

Heute geht Alina ganz früh ins Bett.
Sie ist richtig sauer.
Den ganzen Tag hat sie sich
mit ihrer Schwester Mara gestritten.
Mara hat Alinas Puppe die Haare abgeschnitten.
Am liebsten wäre Alina weit, weit weg.
Fort von ihrer Schwester.
Nun versucht sie zu schlafen.
Auf einmal …

2 Notiere in Stichwörtern, wie die Geschichte weitergehen könnte.
Überlege:
- Wohin fliegt Alina?
- Was erlebt sie auf ihrer Reise?
- Vertragen sich Alina und Mara wieder?

–

3 Erzähle einem Partnerkind, wie deine Geschichte weitergeht.
Nutze dazu deine Stichwörter aus 2.

1 Lies den Anfang der Geschichten.
Schreibe eine der Geschichten weiter.

Heft 3, S. 52 ①
...

Olafs Traum ging in Erfüllung!
Er bekam eine Katze zum Geburtstag.
„Sie ist die schönste Katze der Welt!“, rief Olaf.
Die Katze lebte sich schnell
in ihrer neuen Umgebung ein.
Doch bald bemerkte Olaf, dass
seine Katze etwas Besonderes war.

Lina stand vor dem großen Baum.
Die Äste hingen tief bis auf den Boden hinab.
Einladend sah das aus. Wie eine Treppe, dachte Lina.
Sie begann, den Baum hinaufzuklettern.
Das ging ganz leicht!
Nach wenigen Augenblicken war sie schon
weit oben in der Baumkrone.
Plötzlich …

2 Lest euch eure Geschichten aus 1 vor.
Findet passende Überschriften.

1 Trage die Wörter nach den Themen Fußball und Reiten geordnet in die Tabelle ein.

~~Elfmeter~~ | Stall | Mähne | Torwart | Rote Karte | Hindernis

Sattel | Anpfiff | zuspielen | Ausritt | herunterfallen

galoppieren | foulen | Schiedsrichter | Reiter | rennen

Fußball	Reiten
Elfmeter ✓	

So schreibe ich eine Geschichte:

1. **Ich überlege**, zu welchem **Thema** ich eine Geschichte schreibe.

2. **Ich plane**, was ich schreiben möchte, und notiere **Stichwörter**.
   Dabei beachte ich:
   - **Wer** kommt in der Geschichte vor?
   - **Wo** spielt die Geschichte?
   - **Was** passiert?
   - **Wie** endet die Geschichte?

Stichwörter helfen dir beim Planen einer Geschichte.

3. **Ich schreibe** meine Geschichte auf.
   Dazu nutze ich meine Stichwörter und weitere Ideen.

4. **Ich lese** die Geschichte noch einmal durch und **überprüfe** sie.

5. **Ich finde** eine passende Überschrift für meine Geschichte.

1 Schreibe eine Geschichte zum Thema Reiten oder Fußball. Nutze die Wörter von Seite 53.

Heft 3, S. 54 ①
...

1. Wähle ein Bild aus.
   Überlege dir dazu eine Geschichte.
   Notiere Stichwörter.

–

2. Schreibe die Geschichte auf.
   Nutze deine Stichwörter aus 1.

Heft 3, S. 55 ②
...

1 Nummeriere die Sätze der Bastelanleitung in der richtigen Reihenfolge. Schreibe die Sätze auf.

Steinmäuse

Du brauchst: Stein, Filzstift, Klebstoff, Schere, Filz, Wolle

So geht's:

___ **Zuletzt** klebst du ein Stück Wolle als Schwänzchen an.

___ **Dann** schneidest du aus Filz Ohren aus.

___ **Zuerst** malst du mit einem Filzstift zwei Augen auf den Stein.

___ **Nun** klebst du die Ohren auf den Stein.

Zuerst

(1) Sieh dir die Bilder an. Lies die Stichwörter.

Bastelanleitung für einen Lola-Hut

Du brauchst:
Tonpapier, Schablone, Stift, Schere, Klebstoff, Locher, Gummiband

So geht's:

1

Zuerst ★ Tonpapier bereitlegen ★
mit Stift Schablone umfahren

2

Danach ★ ausschneiden ★
Papier mit Buchstaben verzieren

3

Nun ★ Papier einrollen ★
Tüte formen ★ zusammenkleben

4

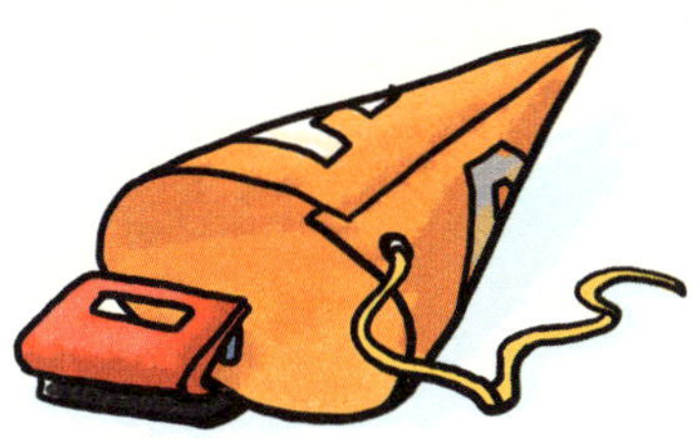

Zuletzt ★ Rand an zwei Seiten
lochen ★ Gummiband befestigen

(2) Schreibe die Bastelanleitung
in ganzen Sätzen in dein Heft.

Heft 3, S. 57 ②
Bastelanleitung für ...

Lernportion 8: Handlungsabläufe beschreiben

Plenum: Kriterien einer gelungenen Bastelanleitung beschreiben;
verschiedene Darstellungsformen von Bastelanleitungen miteinander vergleichen
MK-Tipp: eine Videoanleitung als Bastelhilfe für einen Papierhut nutzen

1 Lies das Rezept. Unterstreiche die Zutaten.

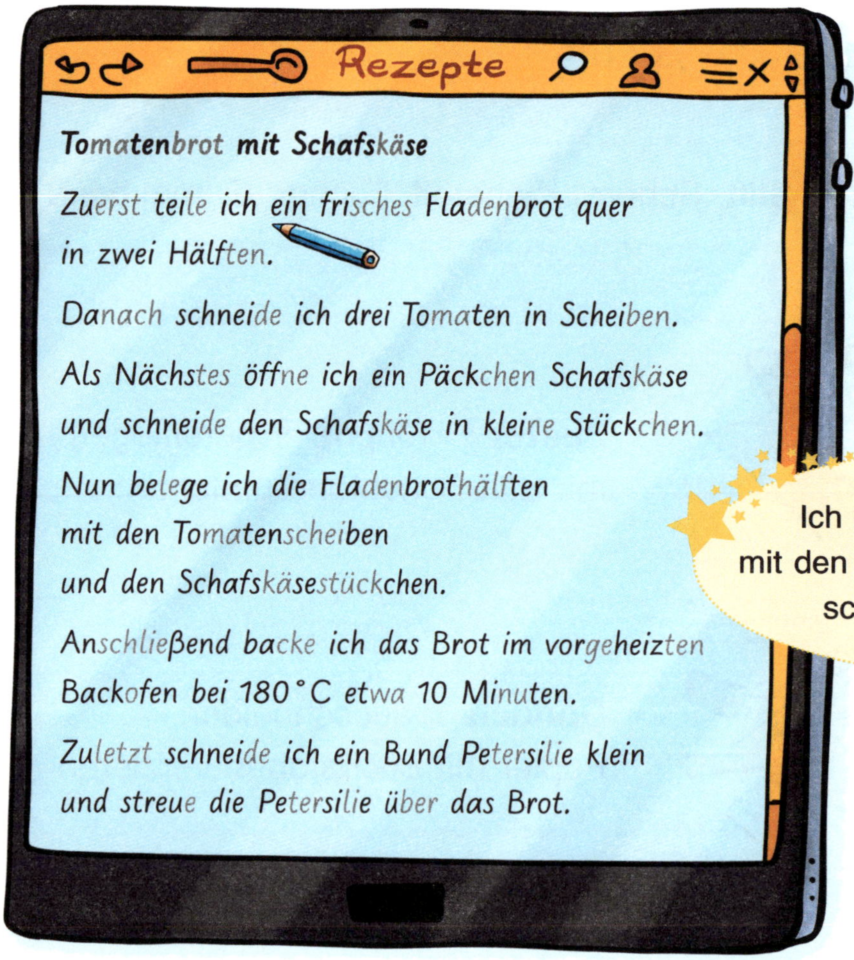

Tomatenbrot mit Schafskäse

Zuerst teile ich ein frisches Fladenbrot quer in zwei Hälften.

Danach schneide ich drei Tomaten in Scheiben.

Als Nächstes öffne ich ein Päckchen Schafskäse und schneide den Schafskäse in kleine Stückchen.

Nun belege ich die Fladenbrothälften mit den Tomatenscheiben und den Schafskäsestückchen.

Anschließend backe ich das Brot im vorgeheizten Backofen bei 180 °C etwa 10 Minuten.

Zuletzt schneide ich ein Bund Petersilie klein und streue die Petersilie über das Brot.

2 Schreibe die Zutaten aus 1 auf.

Zutaten:

– ein

–

Zutaten für 4 Kinder
8 Eier, 4 Esslöffel Öl,
1 Tasse Milch,
1 Bund Schnittlauch,
Salz, Pfeffer

1 Nummeriere die Teile des Rezepts in der richtigen Reihenfolge.

Rührei mit Schnittlauch

___ Ich erhitze etwas Öl in einer Pfanne.

___ Ich schlage die Eier in eine Schüssel.

___ Ich rühre die Mischung mit einer Gabel gut durch.

___ Ich gebe Milch, Schnittlauch, Salz und Pfeffer zu den Eiern.

___ Ich brate die Mischung und rühre ab und zu um.

2 Schreibe das Rezept aus 1 in der richtigen Reihenfolge in dein Heft. Verwende unterschiedliche Satzanfänge.

Heft 3, S. 59 ②
Rührei mit Schnittlauch
Zuerst schlage ich …

Diese **Satzanfänge** helfen dir:
Zuerst …
Als Nächstes …
Danach …
Nun …
Zuletzt …

1. Lies die Stichwörter und die Zutatenliste für das Rezept.

Obstspieße

1. Bananen schälen, anderes Obst waschen
2. Birne und Apfel schälen, vierteln und entkernen
3. Bananen, Apfel und Birne in Stücke schneiden
4. Früchte abwechselnd auf Holzspieße stecken

Zutaten für 8 Kinder
- 2 Bananen
- 8 Erdbeeren
- 1 Apfel
- 1 Birne
- 8 Weintrauben
- 8 Holzspieße

2. Schreibe das Rezept aus 1 auf. Achte auf unterschiedliche Satzanfänge.

Zuerst schäle ich

① Lies den Tagebucheintrag.

Dienstag, den 11.06.2023

Um 7 Uhr bin ich aufgestanden. Zum Frühstück habe ich Müsli mit Früchten gegessen. Am Vormittag haben wir in der Schule Experimente zum Thema Wasser gemacht. Zum Mittagessen gab es eine leckere Gemüsesuppe. Am Nachmittag hatte ich Klavierunterricht. Danach habe ich gespielt. Zum Abendessen wünschte ich mir Rührei mit Speck. Danach hat Papa mir noch aus meinem spannenden Buch vorgelesen. Abends um 20 Uhr bin ich ins Bett gegangen.

② Beschreibe einen Tag, den du in dieser Woche erlebt hast. Nutze die folgenden Satzanfänge.

Heft 3, S. 61 ②
Mein Tag
Um …

- Um … Uhr bin ich aufgestanden.
- Zum Frühstück …
- Am Vormittag …
- Zum Mittagessen …
- Am Nachmittag …
- Danach …
- Zum Abendessen …
- Abends um … Uhr bin ich ins …

Unterschiedliche Satzanfänge machen einen Text interessanter.

So bespreche ich Texte in einer Schreibkonferenz:

1. **Ich überlege**, mit wem ich meinen Text besprechen möchte.
2. **Ich lese** meinen Text anderen Kindern vor.
3. **Ich bespreche** mit den anderen Kindern:
   – Habt ihr alles verstanden?
   – Was findet ihr gut?
   – Was kann ich besser machen?
4. **Ich verbessere** den Text und beachte dabei die Hinweise der anderen Kinder.

Sei immer freundlich, wenn du einem anderen Kind einen Hinweis gibst.

1 Besprich deinen Text („Mein Tag“) von Seite 61 mit anderen Kindern.

Lernportion 8: Handlungsabläufe beschreiben

Plenum: Austausch über die Durchführung einer Schreibkonferenz und darüber, wie die Rückmeldungen für das Überarbeiten von Texten genutzt werden können

D 33

8 Einen Wunschtag beschreiben

1 Beschreibe deinen Wunschtag.

Mein Wunschtag

Um

2 Besprich deinen Text mit anderen Kindern.

1 Lies die Texte. Ordne die Überschriften passend zu.

Ein Wandertag mit Schrecken	Ein gelungener Wandertag

Die Klasse 2a machte kurz vor den Ferien eine Wanderung.
Sie liefen zu einem Waldspielplatz mit einer Grillstelle.
Die Kinder suchten Holz und zündeten mit der Lehrerin ein Feuer an.
Alle rösteten darüber Stockbrot. Es schmeckte sehr lecker!
Danach spielten sie auf dem Spielplatz. Das war ein toller Wandertag.

Die Klasse 2b wanderte zu einer Burgruine. Dort machten sie ein Picknick und erkundeten das Gelände. Als Tim auf eine alte Burgmauer kletterte, verlor er das Gleichgewicht und fiel hin. Sein Arm tat weh und wurde dick. Am nächsten Tag kam er mit einem Verband in die Schule. Er hatte sich den Arm verstaucht.

2 Lies den Text. Finde selbst eine passende Überschrift.

Die Klasse 2c wanderte zu einer Quelle, aus der ein kleiner Bach entsprang. Dort wollte Lea ihr selbst gebautes Boot erproben. Doch sie rutschte aus und landete im Wasser. Gerade wollte sie wütend aufschreien, als sie sah, wie ihr Boot losschwamm. Nun freute sie sich und war stolz. Zum Glück war es so heiß, dass ihre Sachen bald trockneten.

9 Den Aufbau einer Geschichte kennenlernen

Wie fing es an?	Einleitung
Was ist passiert?	Hauptteil
Wie hörte es auf?	Schluss

Der **Hauptteil** ist der längste Teil einer Geschichte.

1. Lies die Abschnitte.
Notiere zu jedem Abschnitt den richtigen Begriff.

Samira geht in die zweite Klasse. Ihre Schule machte gestern einen Wandertag zu einem Abenteuerspielplatz. Um 8 Uhr ging es los.

Um 10 Uhr kamen die Kinder am Ziel an. Dort machten sie erst mal eine Pause. Als Nächstes erkundeten sie den Spielplatz. Samira fuhr mit der Seilbahn und schaukelte. Danach spielte sie mit Tim, Leo und Jasmin in der Ritterburg. Dabei hatten sie viel Spaß.

Um 12 Uhr packten die Kinder ihre Sachen zusammen und gingen wieder zurück. Das war ein schöner Tag.

In **Einleitungen** erfährst du, **wo** und **wann** etwas passiert und **wer** in der Geschichte vorkommt.

1. Lies die Texte. Finde heraus, welche Texte Einleitungen sind. Kreuze sie an.

◯ Und wenn sie nicht gestorben sind, dann leben sie noch heute.

◯ Rocafort ist ein ganz kleines Dorf in Spanien. Dort gibt es nur drei Bauernhöfe. Seit heute bewacht ein großer Hund den mittleren Hof.

◯ Es waren einmal vor langer Zeit ein Mädchen und ein Junge, die in einer Hütte im Wald lebten. Ihre Eltern waren sehr arm, sodass die Familie nicht genug zum Essen hatte.

◯ Plötzlich hörte man einen lauten Knall. Er drehte sich um und erschrak.

◯ Nano war ein kleiner Eisbär. Er wurde im letzten Winter am Nordpol geboren, in einer Welt voller Eis und Schnee. Mit seiner Mutter lebte er in einer tiefen, warmen Höhle.

2. Wähle eine Einleitung aus 1 aus. Notiere in Stichwörtern, was du erfahren hast.

Wo: ______________________________

Wann: ______________________________

Wer: ______________________________

____

1 Lies die Geschichte. Der Schluss fehlt noch.

Lisa hat Geburtstag

Nach dem Aufwachen rannte Lisa voller Erwartung ins Wohnzimmer. Dort blieb sie wie erstarrt stehen. „Wo sind denn meine Geschenke?“, rief sie empört. Papa saß einfach am Frühstückstisch und aß sein Müsli. Lisa setzte sich enttäuscht dazu. Sie hatten ihren Geburtstag wirklich vergessen. Doch auf einmal stürmten Mama, Oma und Tom herein. Alle drei sangen ein Geburtstagslied. Oma hielt eine Torte mit acht Kerzen in der Hand.

2 Schreibe den Schluss ab, der dir am besten gefällt, oder erfinde selbst einen Schluss.

A Lisa pustete die Kerzen aus und dachte: „Na wartet, diesen Schreck werde ich euch heimzahlen!“

B Das war die beste Überraschung, die Lisa je erlebt hatte.

C Erleichtert rief Lisa: „Toll, ich dachte schon, ihr hättet mich vergessen!“

1 Schreibe die Geschichte ab und verändere die blauen Satzanfänge.

Allein zu Hause

Danach	Nun	Plötzlich	Schließlich

Gestern war ich allein zu Hause.
Im Bett habe ich noch gelesen.
Dann schlief ich ein.
Dann weckte mich ein Geräusch.
Dann hörte ich Schritte und Stimmen.
Dann ging das Licht an.
Papa und Mama waren wieder zu Hause.

Gestern

1 Setze die passenden Adjektive ein.

Durch **Adjektive** kann man sich vieles besser vorstellen.

Auf dem Jahrmarkt

~~laute~~ süße grünes superschnellen herrliche hohe gruselige

Malik geht mit seinen Eltern auf den Jahrmarkt.

Schon von Weitem hören sie die laute Musik.

Zuerst sehen sie in der Geisterbahn ____________ Gestalten.

Anschließend kauft sich Malik ____________ Zuckerwatte.

Als Nächstes haben sie sich das ____________ Karussell vorgenommen.

Dann fahren sie mit der ____________ Achterbahn.

Nun zieht Malik ein Los und gewinnt ein ____________ Kuscheltier.

Zum Schluss genießen sie die ____________ Aussicht vom Riesenrad.

9 Fehlerwörter verbessern

(1) Lies die Texte.
Unterstreiche die Fehlerwörter.
Schreibe die Wörter richtig auf.

Satzanfänge → groß
Nomen → groß
ä → verwandtes Wort mit a

4 Fehler!

Die katze streift mal wieder durch den Garten.
Sie ist auf der Suche nach Meusen.
heute fengt sie aber nur eine Fliege.

7 Fehler!

Tim und lisa gehen mit Imo spazieren.
Sie kommen an einer Wiese mit Apfelbeumen vorbei.
tim sammelt zwei Äpfel auf. In der Nähe ist
ein kleiner rastplatz. dort machen die beiden freunde
eine kurze Pause und verspeisen ihre Epfel.

1 Lies den Text und besprich ihn mit anderen Kindern.
Überlegt gemeinsam, wie ihr den Text verbessern könnt.

Um 3 Uhr kam tim in der Bücherei an.
Er suchte Bücher über Beume.
dann las er vir Zeitschriften.
Dann ging das licht aus.
Dann war es zehn Minuten lang dunkel.
Dann ging das Licht zum Glück wieder an.

- Überschrift
- Einleitung
- Fehler
- Adjektive
- Schluss

2 Schreibe den Text aus 1 verbessert auf.

Einsterns Schwester 2

Themenheft 3
Texte planen und schreiben

Herausgegeben von: Roland Bauer, Jutta Maurach

Erarbeitet von: Katrin Baudendistel, Daniela Dreier-Kuzuhara, Alexandra Schwaighofer in Zusammenarbeit mit der Redaktion Grundschule Deutsch 2–4

Redaktion: Martina Schramm, Sabine Gerber, Milena Lemke, Kristina Meyer

Illustration: Yo Rühmer, Frankfurt am Main

Umschlaggestaltung: Cornelia Gründer, agentur corngreen, Leipzig

Layout und technische Umsetzung: lernsatz.de

www.cornelsen.de

1. Auflage, 1. Druck 2022

Alle Drucke dieser Auflage sind inhaltlich unverändert und können im Unterricht nebeneinander verwendet werden.

Druck: Parzeller print & media GmbH & Co. KG, Fulda

ISBN 978-3-06-084864-5 (Themenheft 3, Verbrauchsmaterial)

PEFC
PEFC/04-31-1308

PEFC zertifiziert
Dieses Produkt stammt aus nachhaltig bewirtschafteten Wäldern und kontrollierten Quellen.

www.pefc.de